J'APPRENDS À DESSINER

Les quatre titres réunis dans cet ouvrage :

Les animaux du monde,
Les animaux du Grand Nord,
Les oiseaux du monde,
Les bébés animaux,

font partie de la collection «**J'apprends à dessiner**»
aux Éditions Fleurus

Philippe Legendre

J'APPRENDS À DESSINER

le monde des animaux

FLEURUS
www.fleuruseditions.com

Sommaire

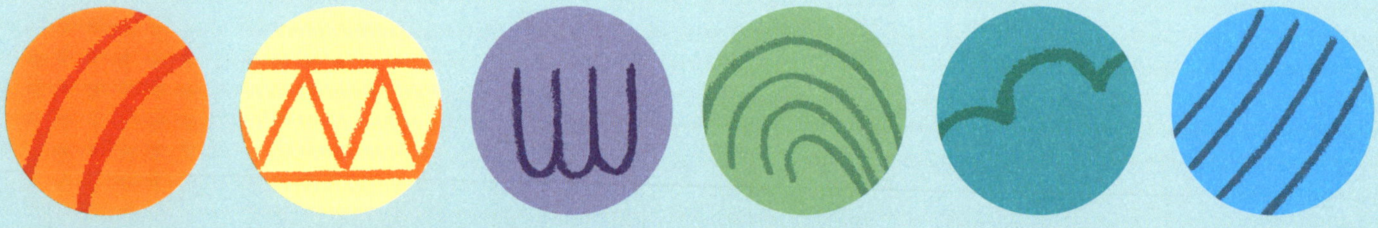

Tous les enfants savent dessiner un rond, un carré, un triangle…
Alors, ils peuvent aussi dessiner un tigre, une autruche et un ourson.
Notre méthode est facile et amusante. Elle apporte à l'enfant une technique et un vocabulaire des formes dont se sert tout dessinateur.
La construction du dessin se fait par l'association de formes géométriques créant un ensemble de volumes/surfaces. Il suffit ensuite, par une ligne droite, courbe ou brisée, de donner son caractère définitif à l'esquisse.
En quelques coups de crayon un motif apparaît, un peu de couleur et voici réalisée une belle illustration.
Cette méthode propose un apprentissage de la technique et une première approche de la composition, des proportions, du volume, de la ligne. Sa simplicité en fait une méthode où le plaisir de dessiner reste au premier plan.

PHILIPPE LEGENDRE
Peintre-graveur et illustrateur, Philippe Legendre anime aussi un atelier de peinture pour les enfants de 6 à 14 ans. Intervenant souvent en milieu scolaire, il a développé cette méthode pour que tous les enfants puissent accéder à l'art du dessin.

QUELQUES CONSEILS

Chaque dessin est fait à partir d'un petit nombre de formes géométriques qui sont indiquées en haut de la page. C'est ce qu'on appelle le vocabulaire de formes. Il peut te servir à t'exercer avant de commencer le dessin.

1. Fais l'esquisse du dessin au crayon et à main levée. Attention, pas de règle ni de compas !

2. Les pointillés indiquent les traits de construction qui doivent être gommés.

3. Une fois ton dessin terminé, colorie-le. Si tu veux, repasse en noir le trait de crayon.

Et maintenant, à toi de jouer !

LES ANIMAUX LOINTAINS

vocabulaire de formes

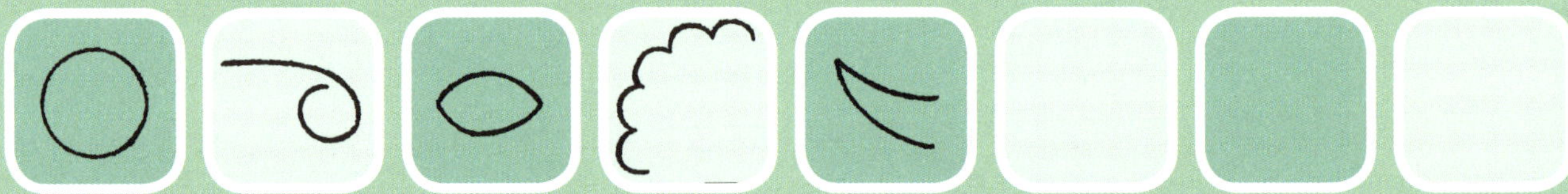

1

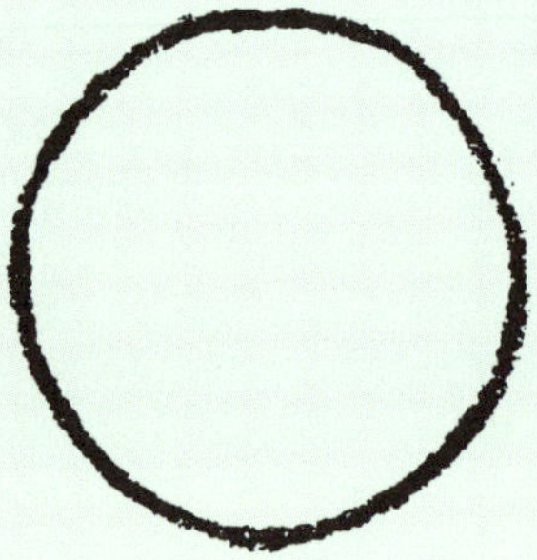

Il peut traverser le désert

2

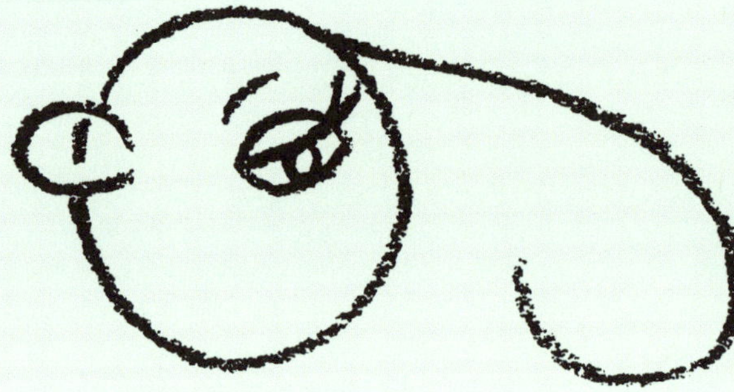

sans boire un verre d'eau,

3

mais ne le prenez pas...

4

pour un chameau !

Le dromadaire

vocabulaire de formes

1

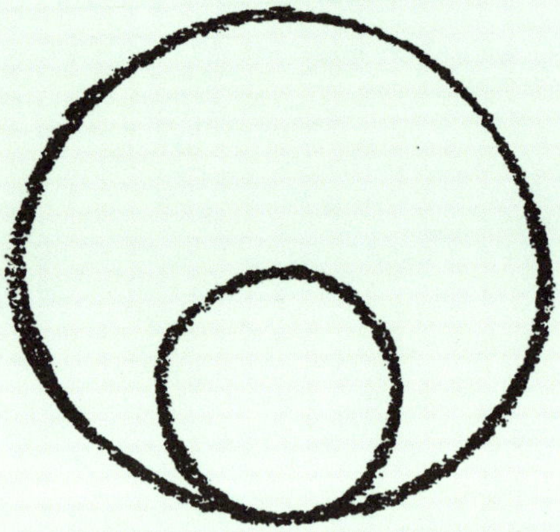

C'est le nounours

2

des petits...

3

Chinois.

4

Le panda

vocabulaire de formes

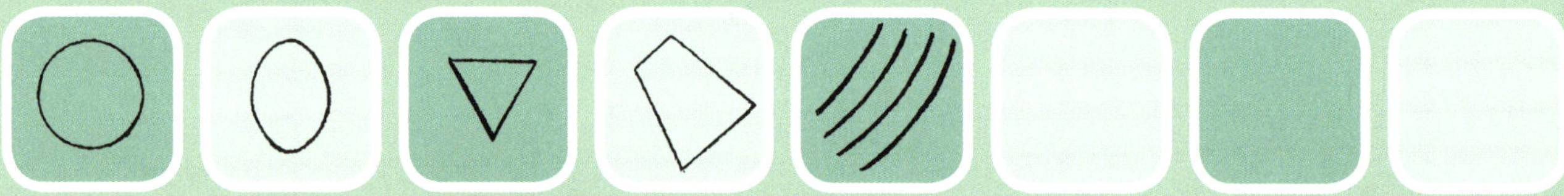

1

Charpentier

2

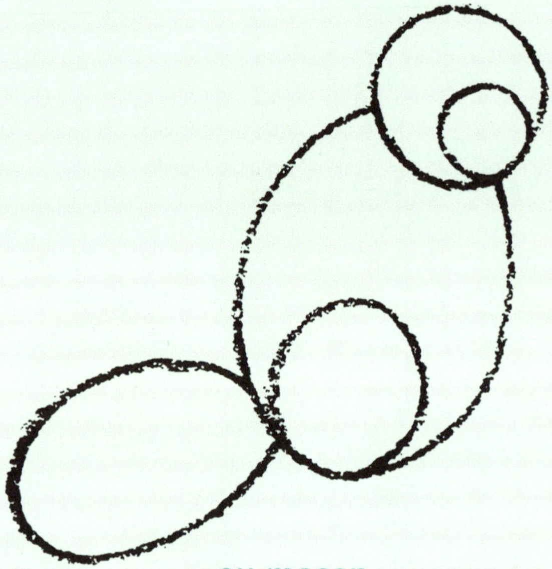

ou maçon...

3

il construit...

4

sa maison.

Le castor

vocabulaire de formes

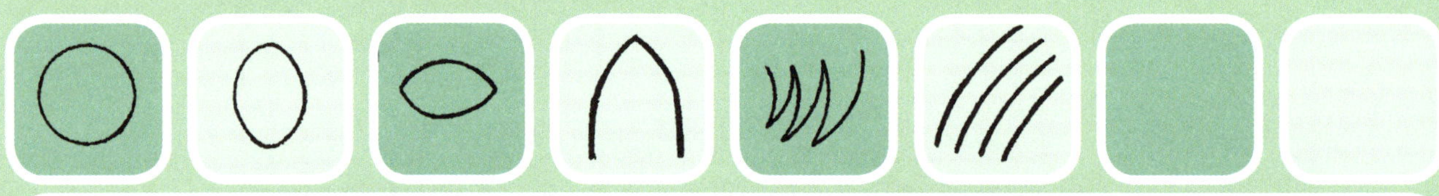

1

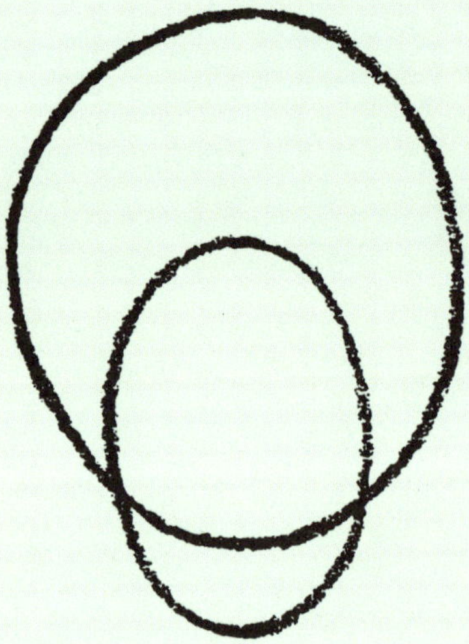

C'est un gros chat...

2

tigré jusqu'au bout...

3

du museau.

4

Le tigre

vocabulaire de formes

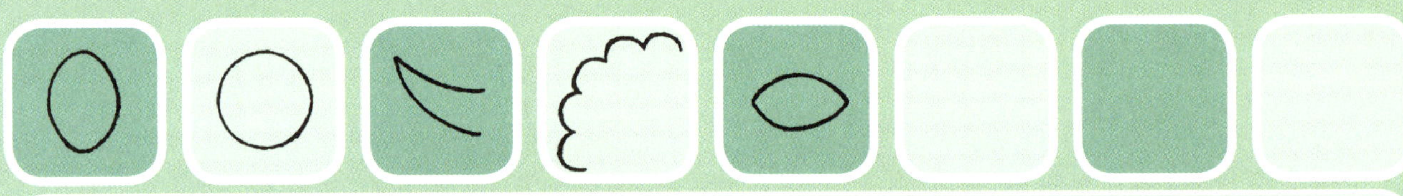

1

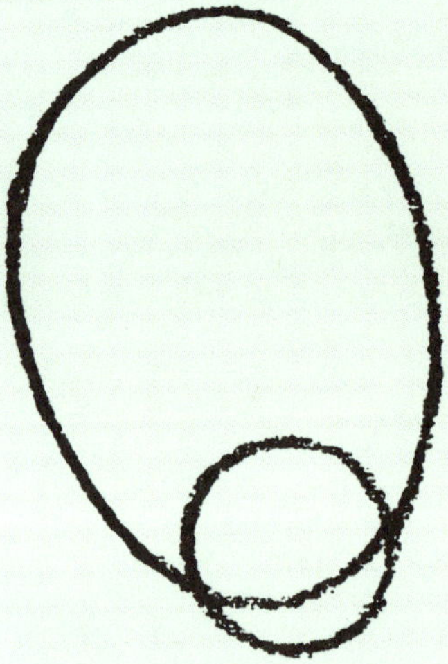

2

Fort comme un taureau et frisé comme un mouton.

3

4

Le bison

vocabulaire de formes

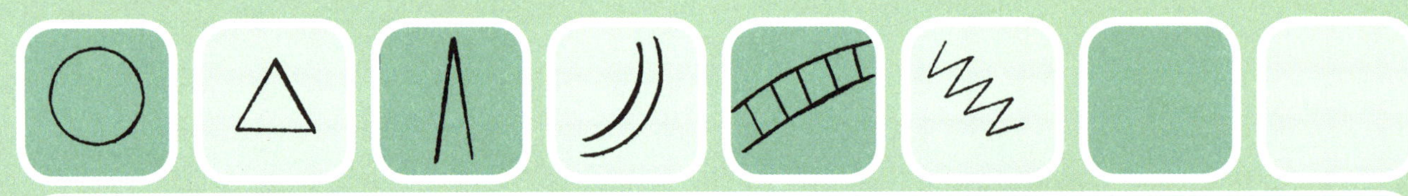

1

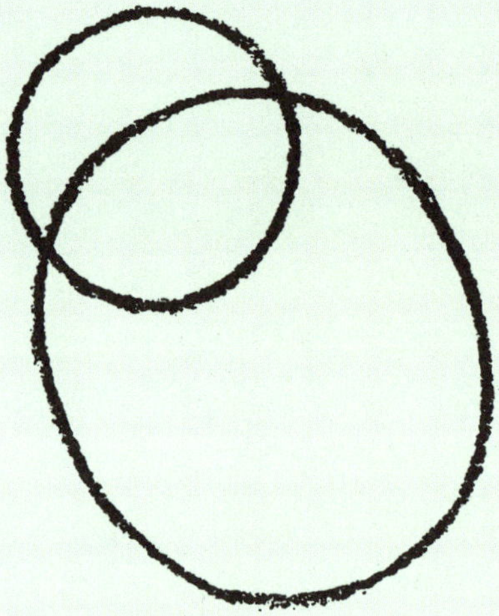

2

Avant de se mettre à table,

3

il se lave toujours...

4

les mains.

Le raton laveur

vocabulaire de formes

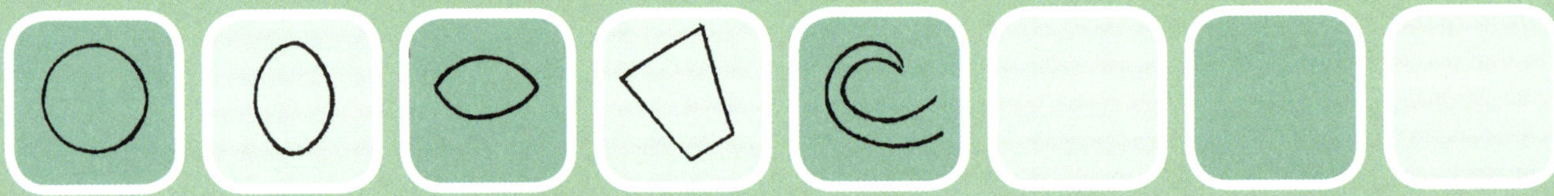

Le kangourou

vocabulaire de formes

1

Il aime manger

2

les feuilles d'eucalyptus...

3

mais n'aime pas qu'on le prenne...

4

pour une peluche.

Le koala

vocabulaire de formes

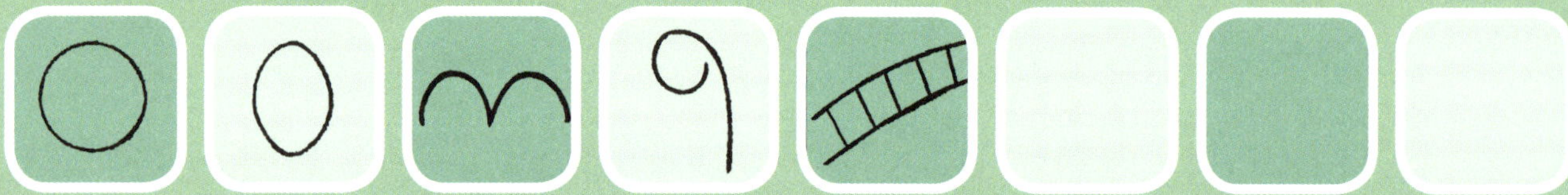

1

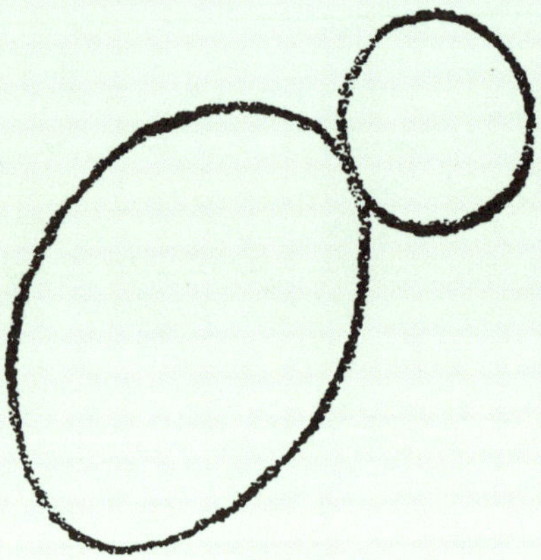

Il fait toujours le clown...

2

pas étonnant avec un nom pareil !

3

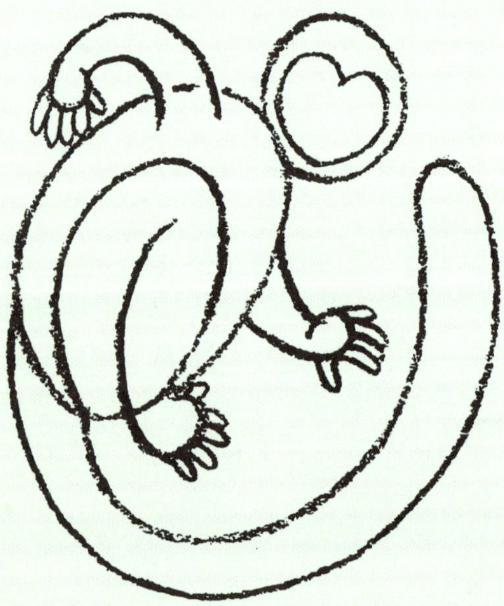

4

Le ouistiti

Pour la photo de famille, les animaux sont venus des quatre coins du monde et des cinq continents : Europe, Afrique, Asie, Océanie et Amérique. Sais-tu sur quel continent vit chaque animal ?
Attention : il y a des animaux que l'on trouve sur deux continents.

le dromadaire (Afrique), le koala (Océanie), le panda (Asie), le raton laveur (Amérique), le castor (Europe et Amérique).

Réponse : le tigre (Asie), le bison (Amérique et Europe), le kangourou (Océanie), le ouistiti (Amérique),

LES ANIMAUX DU GRAND NORD

vocabulaire de formes

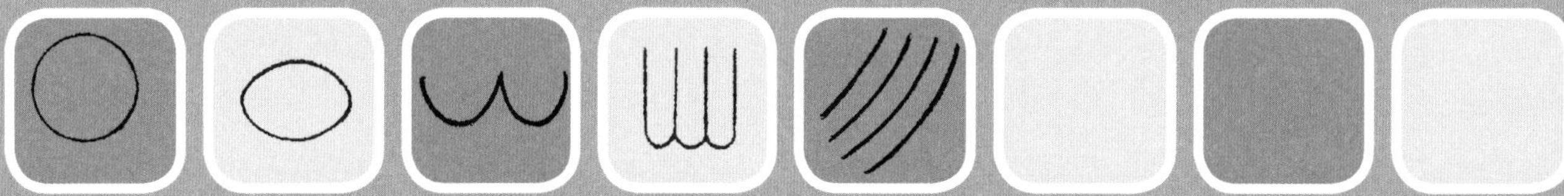

1

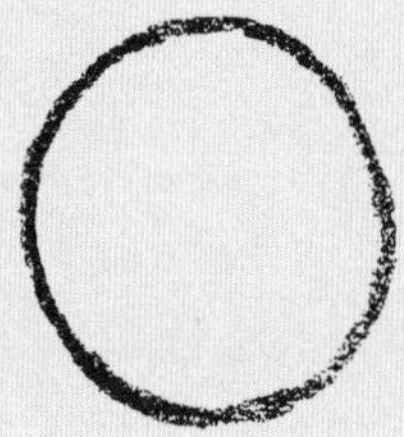

Doux et rond...

2

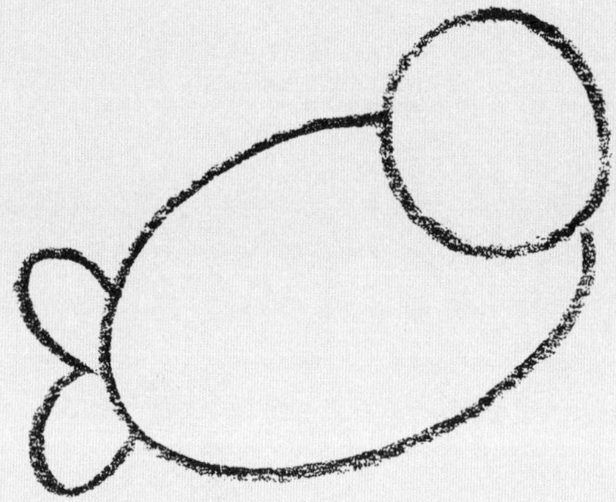

comme un chaton.

3

Il ne faut pas...

4

lui faire de mal.

Le phoque

vocabulaire de formes

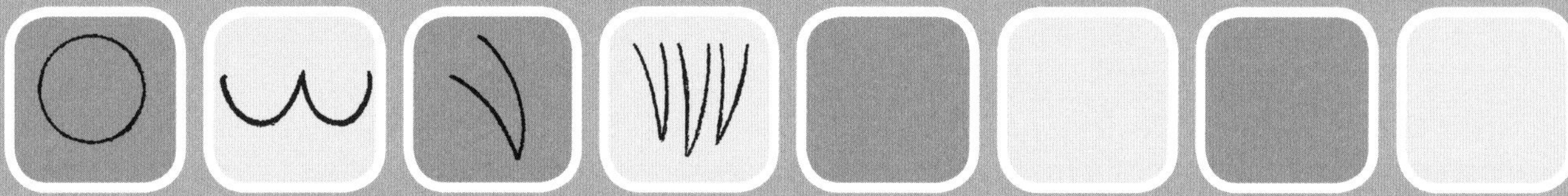

1

Il a des défenses...

2

mais ce n'est pas...

3

un éléphant !

4

Le morse

vocabulaire de formes

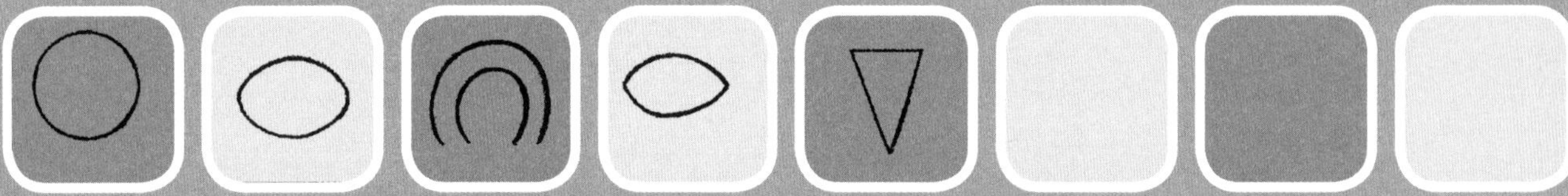

1

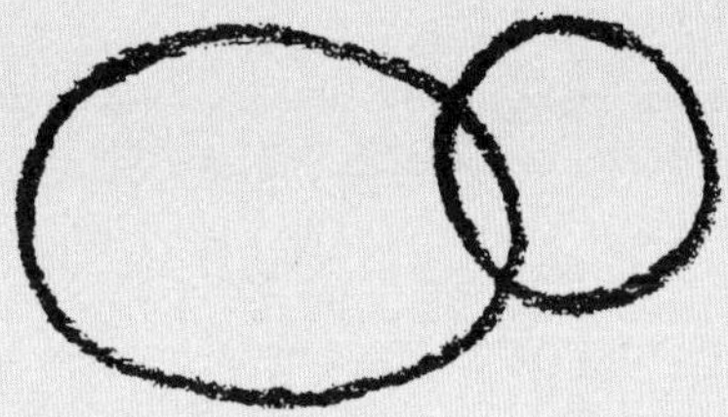

Bleu l'été...

2

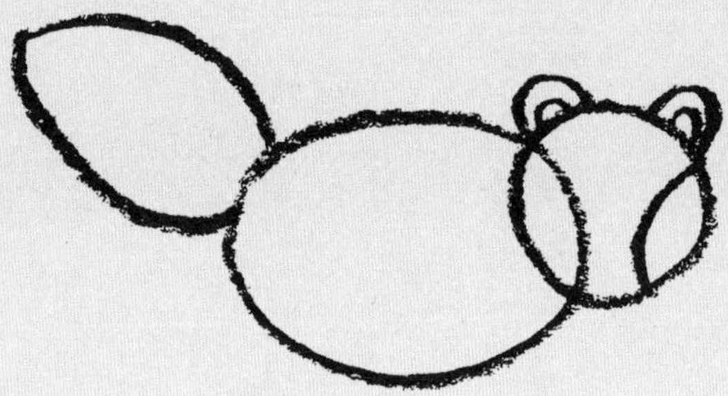

et blanc l'hiver...

3

il suit la mode...

4

des saisons.

Le renard polaire

vocabulaire de formes

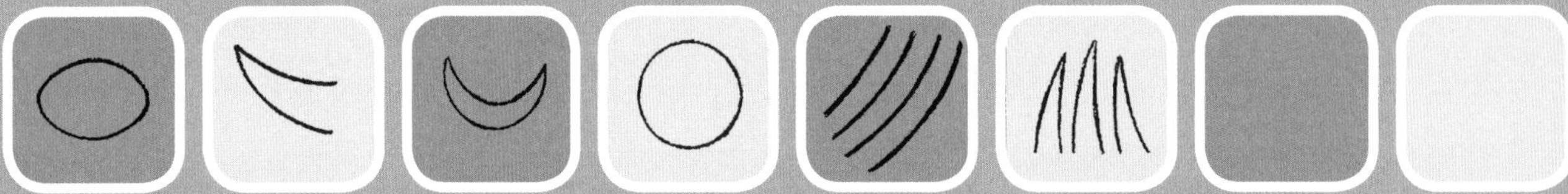

Comme une sirène...

1

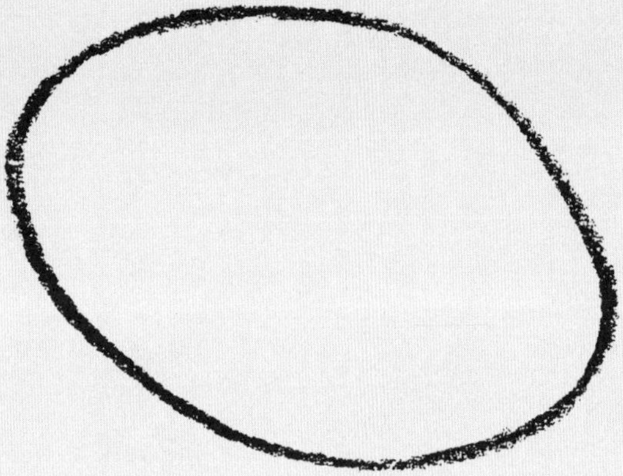

elle chante...

2

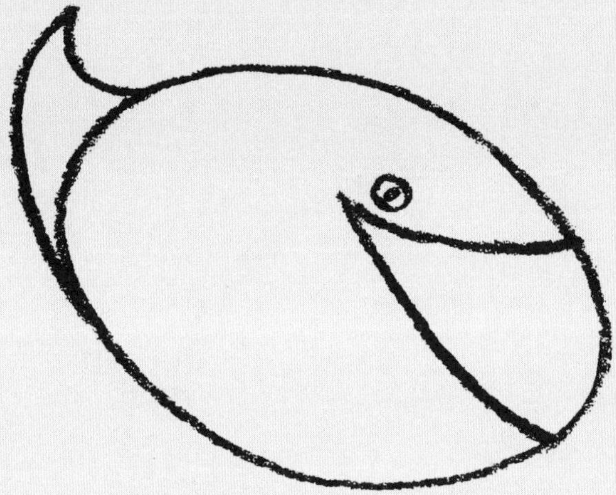

3

4

sous la mer.

La baleine bleue

vocabulaire de formes

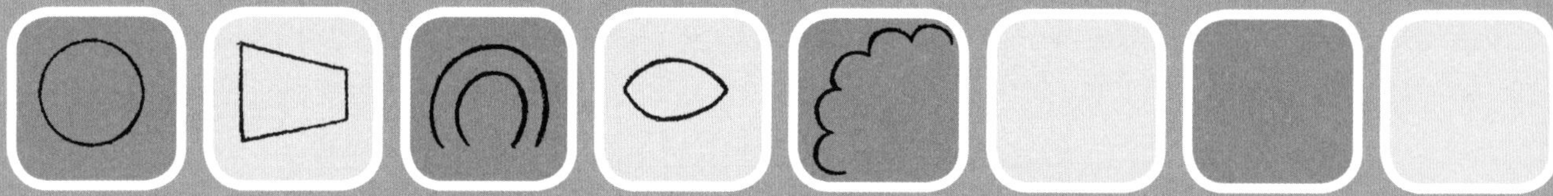

1

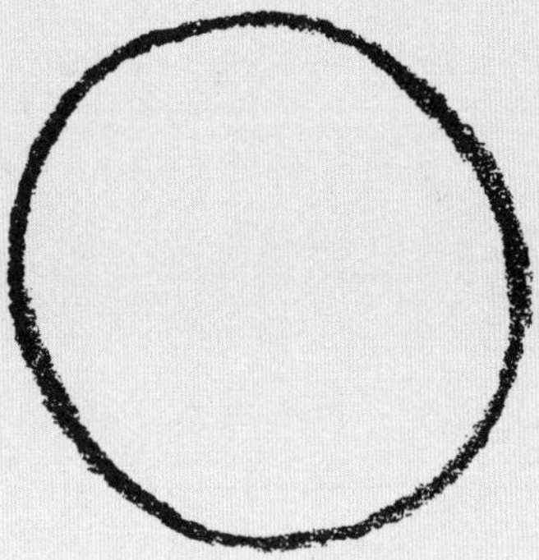

Il aime se baigner...

2

dans la mer glacée.

3

Sa plage...

4

c'est la banquise.

L'ours blanc

vocabulaire de formes

1

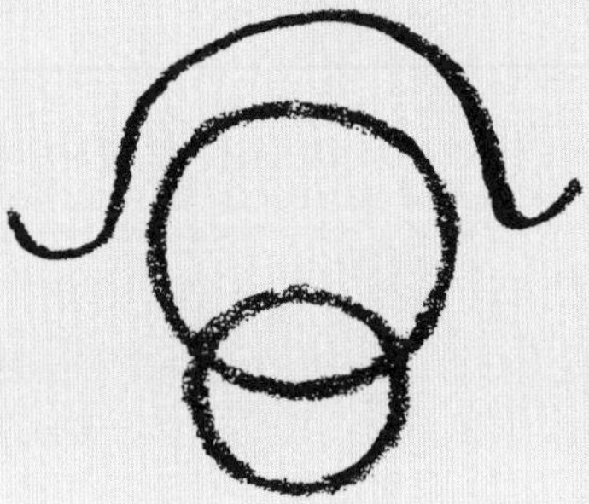

Il n’a jamais froid !

2

Son manteau de poil lui tombe...

3

jusqu’aux pieds.

4

Le bœuf musqué

vocabulaire de formes

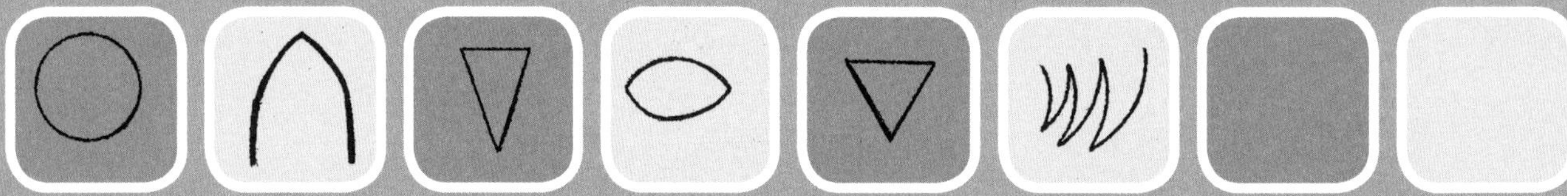

1

On dit...

2

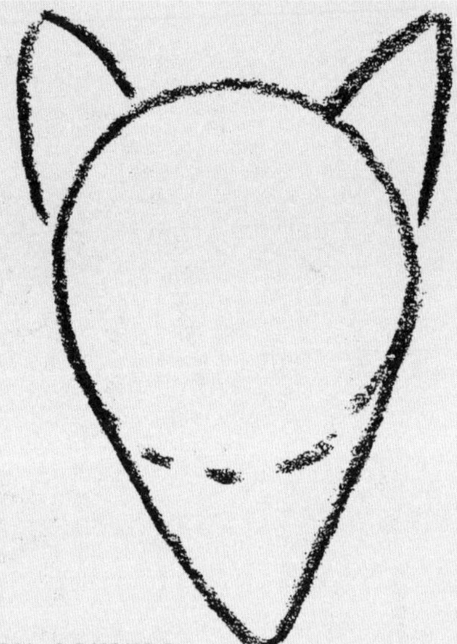

«connu comme
le loup blanc».

3

Le connais-tu ?

4

Le loup arctique

vocabulaire de formes

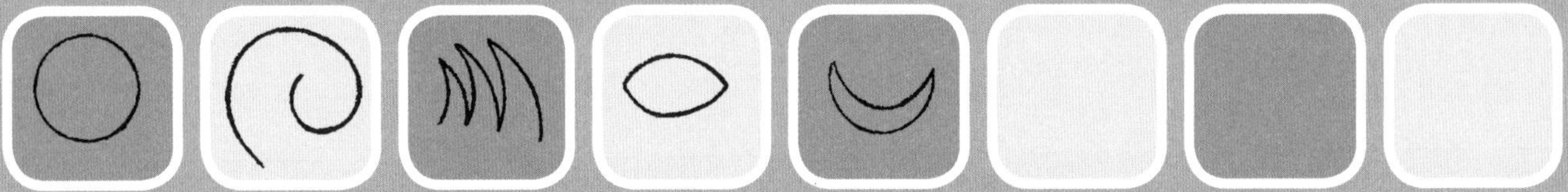

L'élan

vocabulaire de formes

1

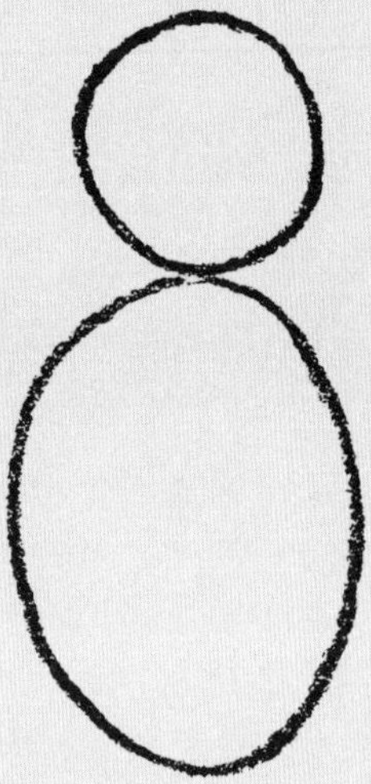

On l'appelle aussi...

2

le perroquet de mer.

3

4

Le macareux moine

Voici les animaux du Grand Nord du Canada... Il ne fait pas chaud sur la banquise et le froid peut descendre jusqu'à -40°.

Certains des animaux vivent plus près des forêts que les autres.
Qui sont-ils et peux-tu les dessiner ensemble ?

Réponse : l'élan - Le loup arctique - Le macareux moine.

LES OISEAUX

vocabulaire de formes

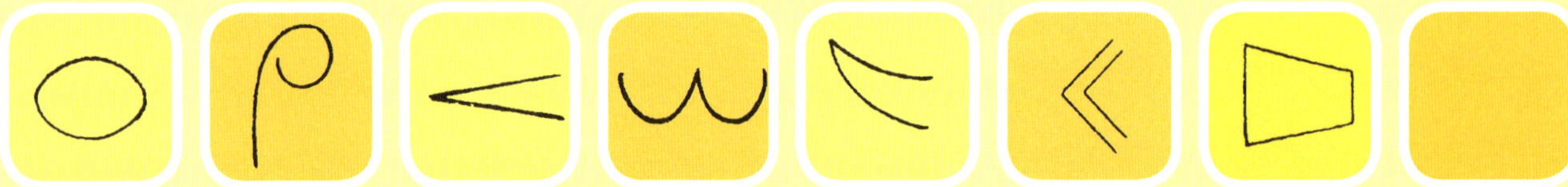

1

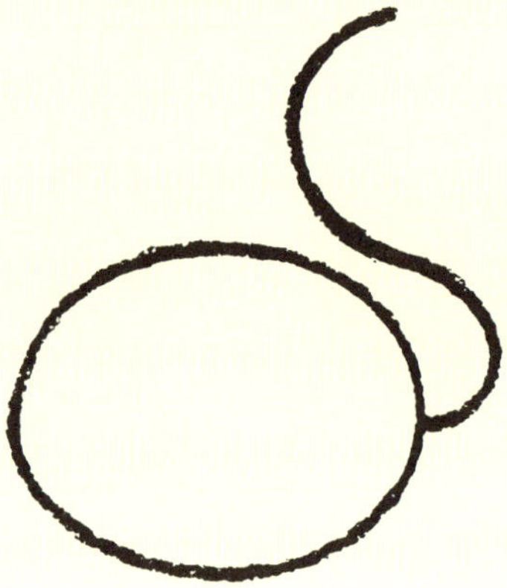

2

Le cou en S...

le dos en O...

3

4

et les pattes comme deux L.

Le flamant rose

vocabulaire de formes

1

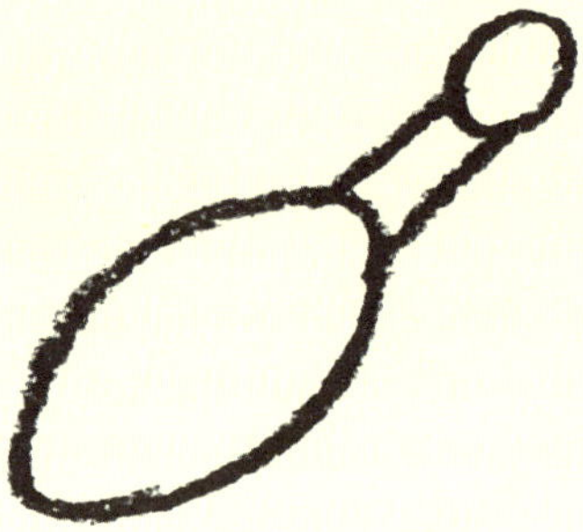

Quand l'hiver arrive...

2

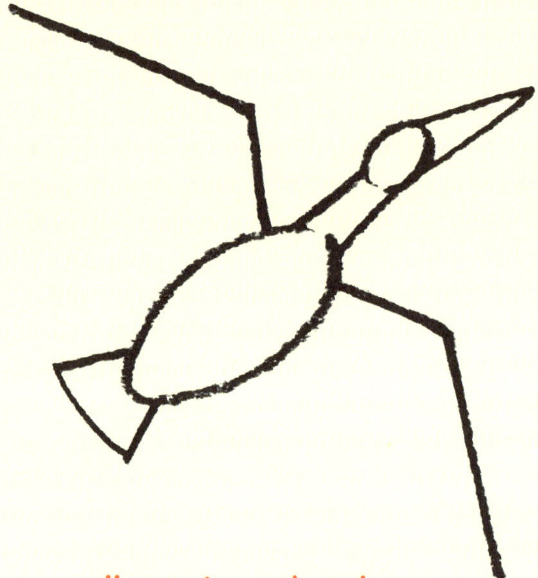

elle part au chaud...

3

en Afrique...

4

et revient vers le printemps.

La cigogne

vocabulaire de formes

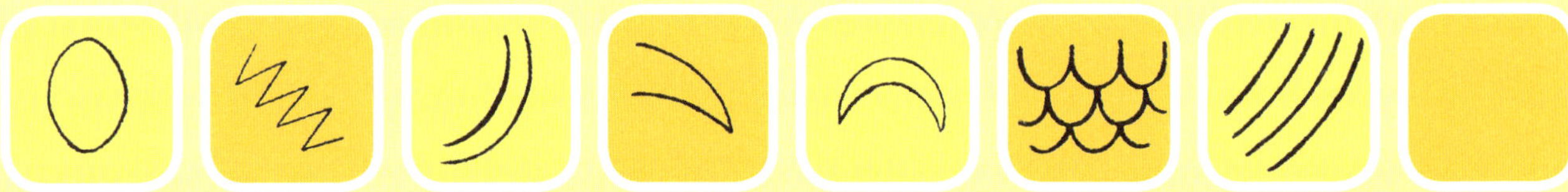

1

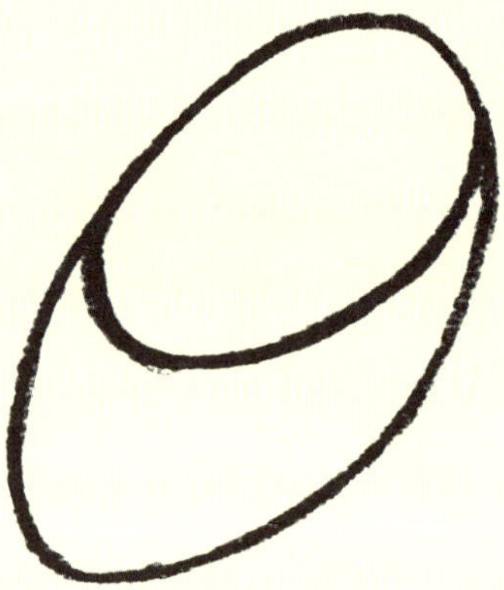

Il habite la montagne...

2

et plane au-dessus des vallées...

3

pour trouver...

4

à manger.

Le vautour fauve

vocabulaire de formes

1

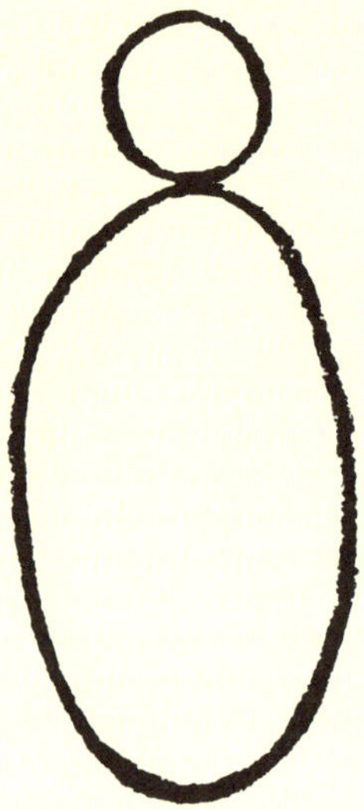

Il a perdu le nord.

2

C'est pourquoi il habite...

3

le pôle Sud.

4

Le manchot royal

vocabulaire de formes

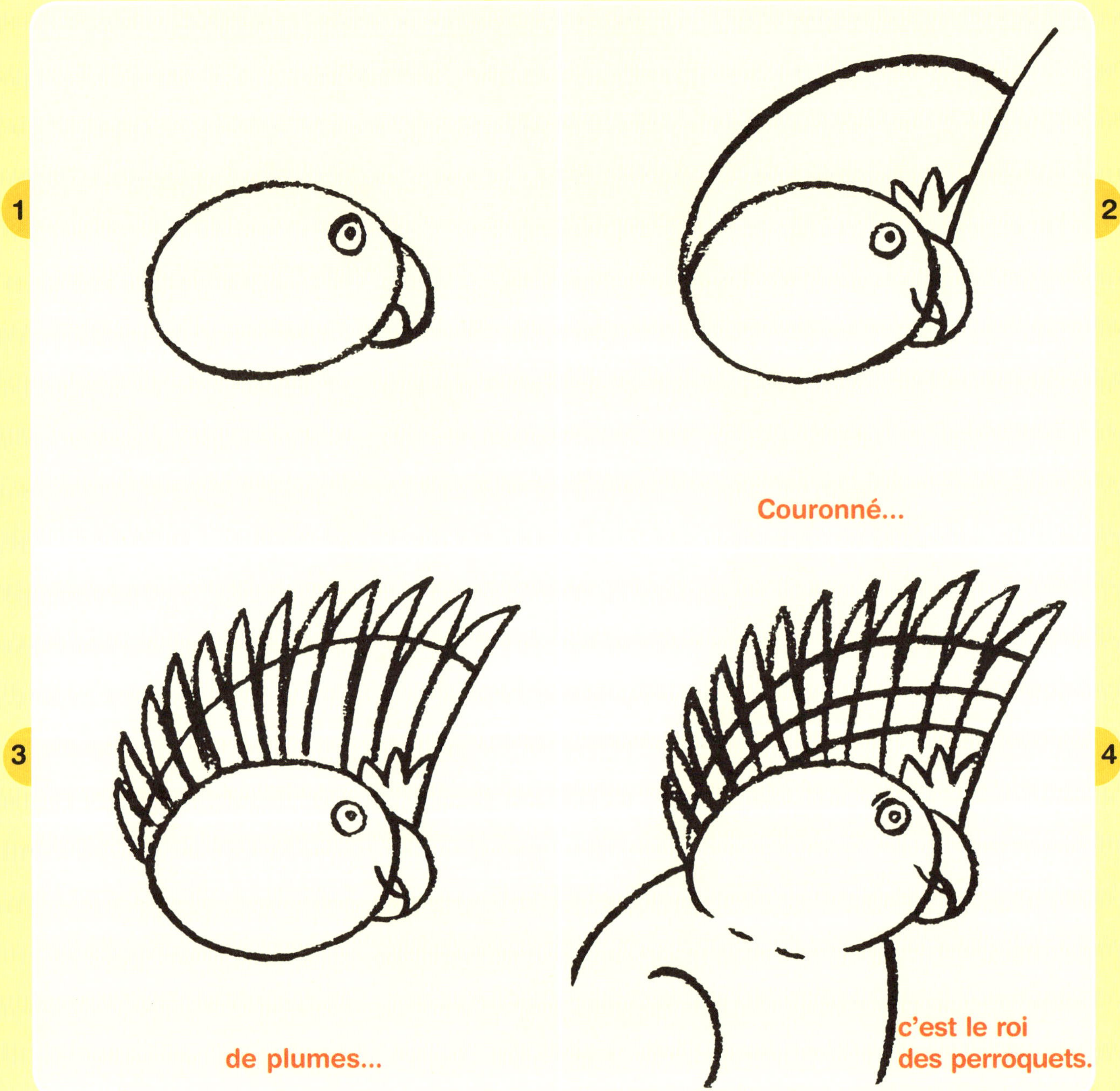

Le cacatoès

vocabulaire de formes

1

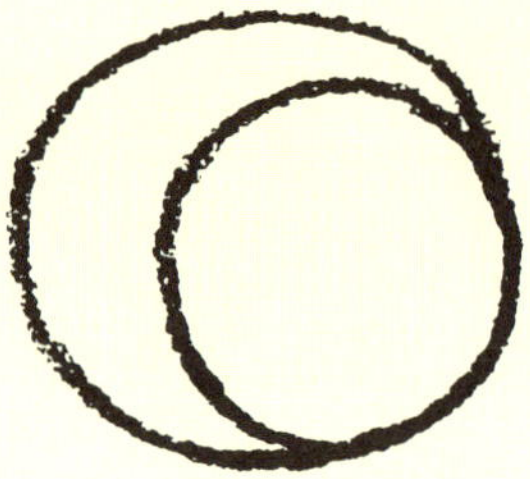

2

Pas besoin de baskets...

3

pour être championne...

4

de course à pied.

L'autruche

vocabulaire de formes

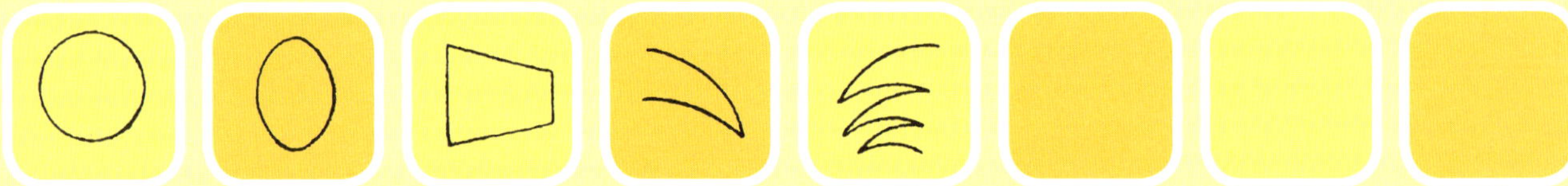

1

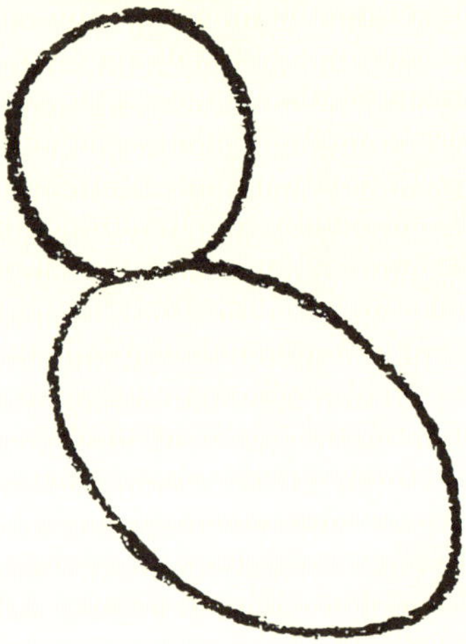

Avec son bec...

2

géant...

3

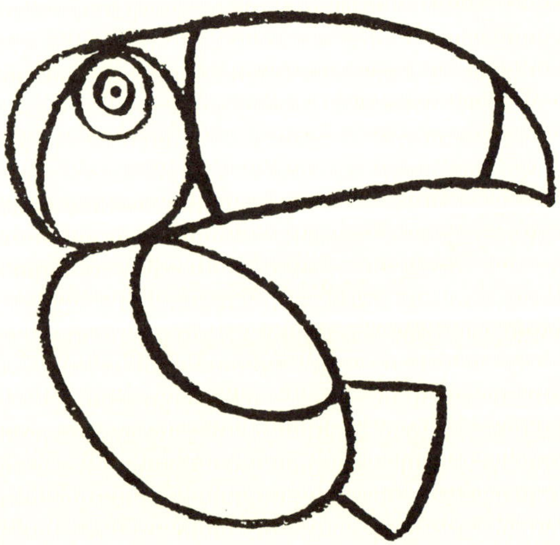

le toucan fait...

4

du boucan !

Le toucan

vocabulaire de formes

1

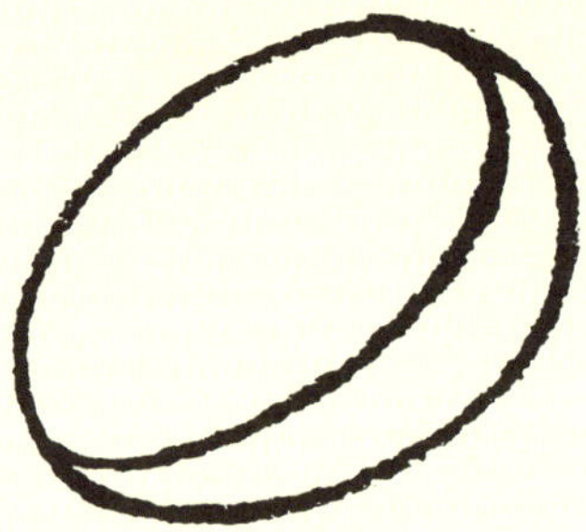

C'est un grand...

2

pêcheur.

3

Sous son bec...

4

il a une épuisette.

Le pélican blanc

vocabulaire de formes

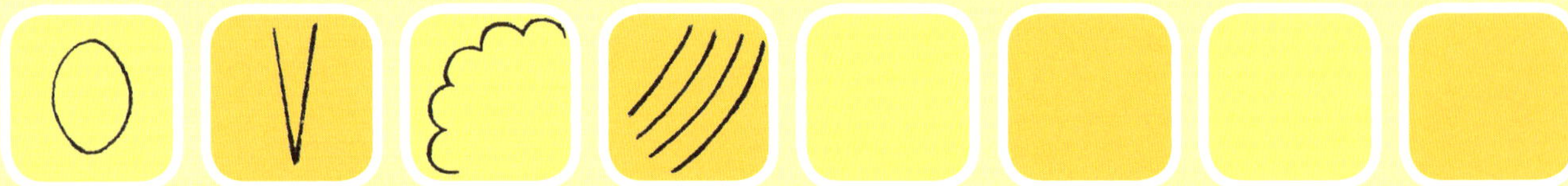

1

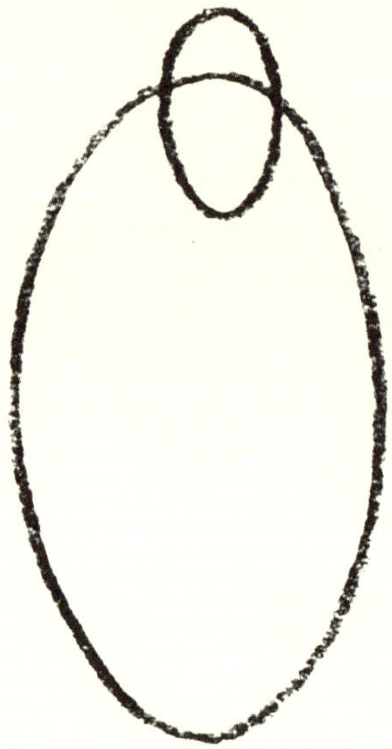

Quel acrobate !

2

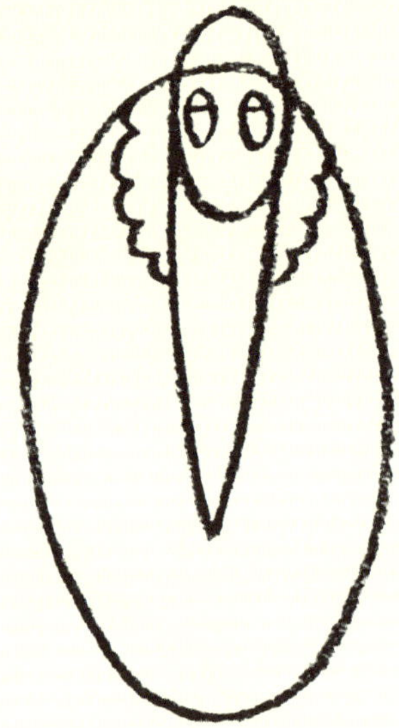

Quand il dort,

3

c'est debout...

4

sur une patte.

Le marabout

**Dans la forêt, au sommet des montagnes, au bord de l'eau,
dans les déserts chauds ou glacés ou dans les villes, les oiseaux sont partout.**

En les dessinant, imagine pour chacun son univers.

LES BÉBÉS ANIMAUX

vocabulaire de formes

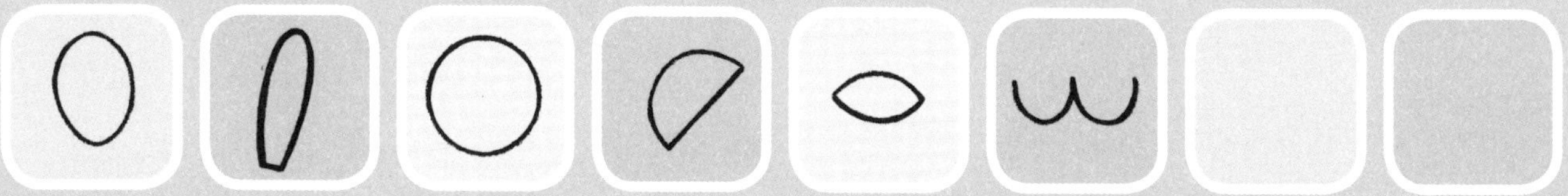

1

2

Il te regarde avec des yeux tendres pour que tu le caresses.

3

4

Le bébé lapin

vocabulaire de formes

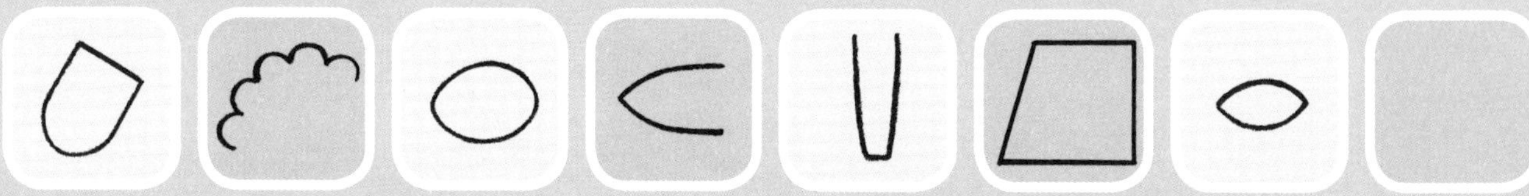

1

2

C'est un petit nuage

sur quatre pattes,

3

4

doux comme un...

agneau.

L'agneau

vocabulaire de formes

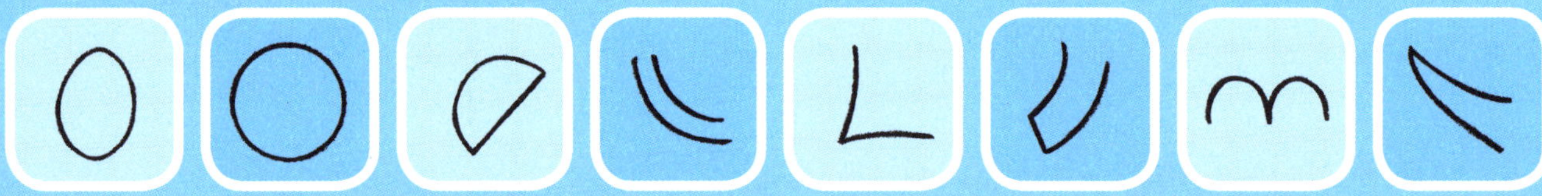

1

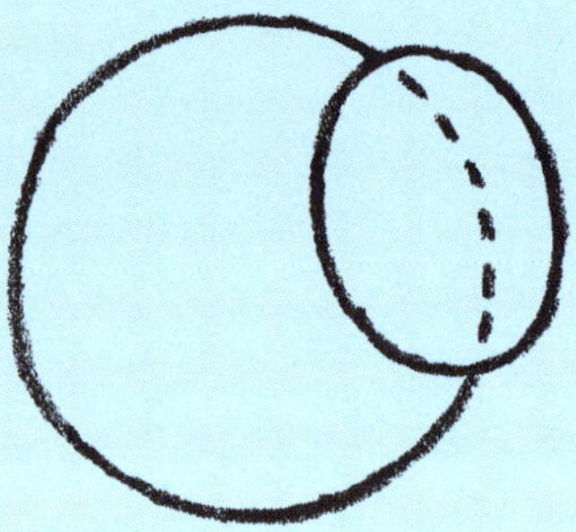

2

Un jour,

3

il aura de grandes défenses

4

comme ses parents.

L'éléphanteau

vocabulaire de formes

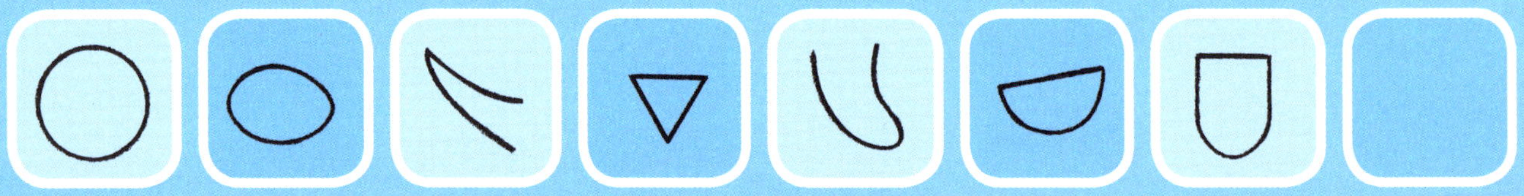

1

2

Il jappe

3

et remue la queue quand il est content.

4

Le chiot

vocabulaire de formes

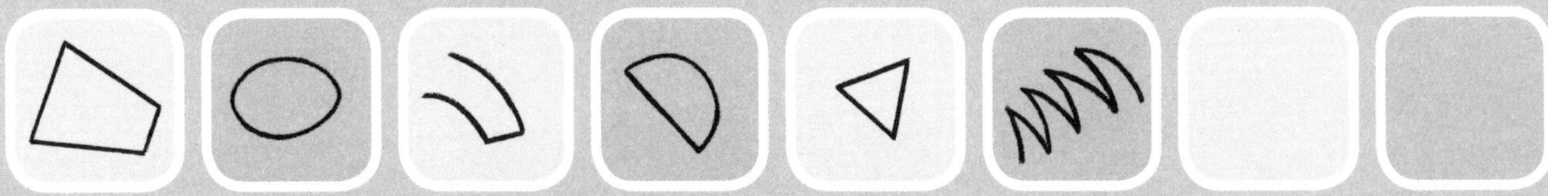

1

2

Dès sa naissance,

il sait tenir sur ses jambes et gambader.

3

4

Le poulain

vocabulaire de formes

1

2

Ce nounours tout rond est la mascotte des petits Chinois.

3

4

Le bébé panda

vocabulaire de formes

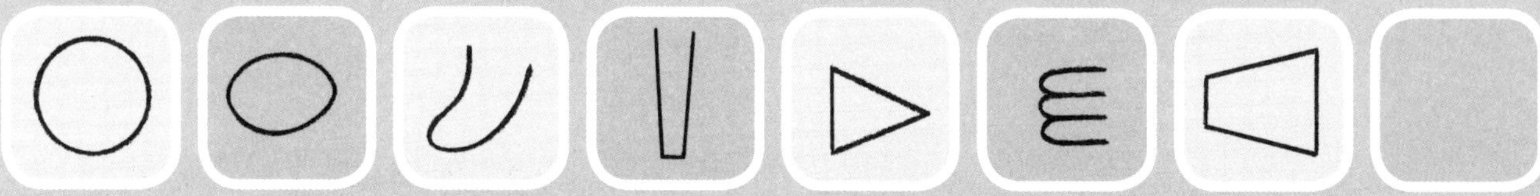

1

2

Coin, coin,
dès qu'il sort de l'œuf,
il plonge dans la mare.

3

4

Le caneton

vocabulaire de formes

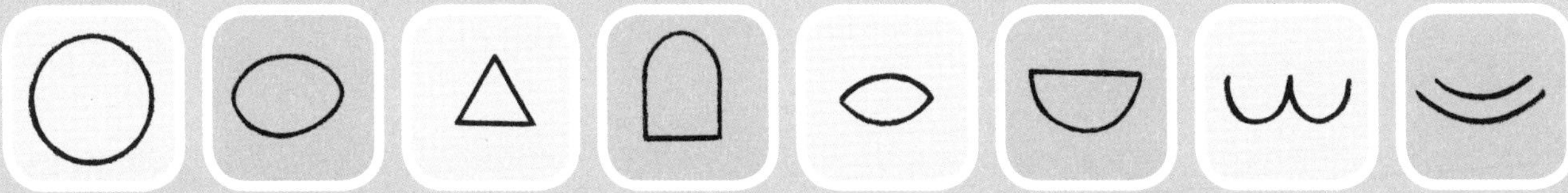

1

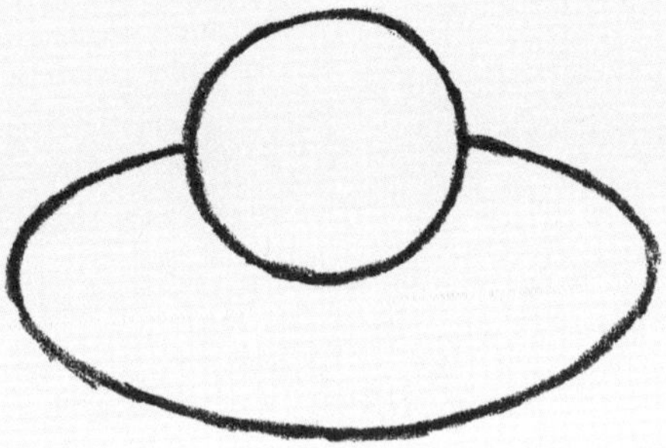

2

Il joue et saute
comme un petit diable

et puis dans son panier,
dort comme un ange.

3

4

Le chaton

vocabulaire de formes

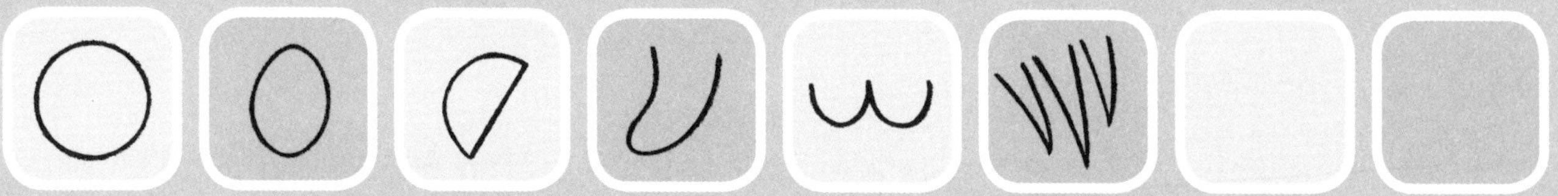

1

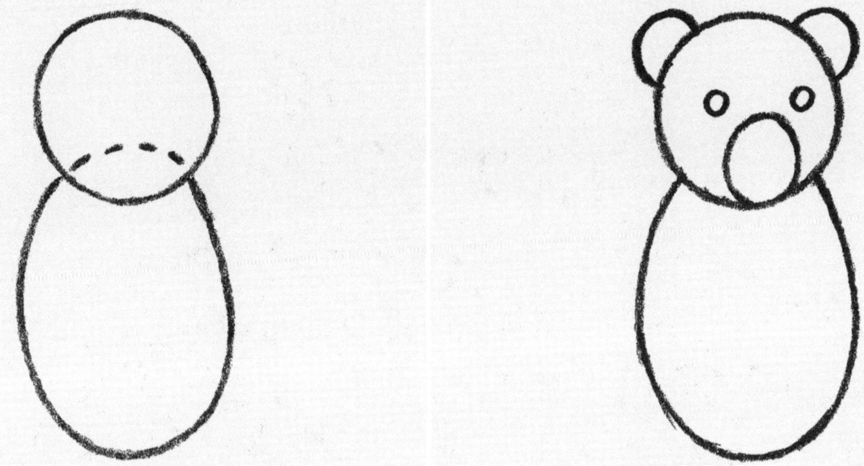

2

Mignon comme une peluche, il nous étonne quand il se dresse.

3

4

L’ourson

Les bébés animaux adorent jouer, courir, sauter, se cacher et monter aux arbres !

Dessine-les dans un jardin extraordinaire où ils s'amusent ensemble.

Direction éditoriale : Guillaume Pô
Édition : Mathilde Guillier
Direction artistique : Armelle Riva
Suivi artistique : Sylvaine Beck
Fabrication : Thierry Dubus et Marie Guibert

Mise en page et gravure : Apex

Dépôt légal : août 2016
ISBN : 978-2-215-15769-4
1re édition. N° d'édition : J16081
Code MDS : 592342

Achevé d'imprimer en juillet 2016 par Dimograf (Pologne)

FLEURUS

www.fleuruseditions.com

J'APPRENDS À DESSINER

+ de 55 titres parus

une collectio